Made in the USA
Las Vegas, NV
20 December 2023

83186738R00059